蒙台梭利早教游戏训练③

0~5岁儿童智力训练

[意]玛丽亚·蒙台梭利◎著
蒙台梭利丛书编委会◎编译

中国妇女出版社

图书在版编目（CIP）数据

蒙台梭利早教游戏训练.3，0～5岁儿童智力训练 / (意) 蒙台梭利著；蒙台梭利丛书编委会编译. --北京：中国妇女出版社, 2016.2（2023.5重印）

ISBN 978-7-5127-1239-3

Ⅰ.①蒙… Ⅱ.①蒙… ②蒙… Ⅲ.①智力游戏—学前教育—教学参考资料 Ⅳ.①G613

中国版本图书馆CIP数据核字(2015)第301027号

蒙台梭利早教游戏训练3 **0～5岁儿童智力训练**

作　　者：〔意〕玛丽亚·蒙台梭利　著　蒙台梭利丛书编委会　编译
插图作者：笨鼠插画工作室
选题策划：姜　喆
责任编辑：应　莹
封面设计：尚世视觉
责任印制：王卫东
出版发行：中国妇女出版社
地　　址：北京市东城区史家胡同甲24号　邮政编码：100010
电　　话：(010) 65133160（发行部）　65133161（邮购）
网　　址：www.womenbooks.cn
法律顾问：北京市道可特律师事务所
经　　销：各地新华书店
印　　刷：三河市祥达印刷包装有限公司
开　　本：185×210　1/24
印　　张：4
字　　数：100千字
版　　次：2016年2月第1版
印　　次：2023年5月第20次
书　　号：ISBN 978-7-5127-1239-3
定　　价：19.80元

前言

玛丽亚·蒙台梭利（1870~1952），意大利第一位女医学博士，20 世纪享誉世界的杰出幼儿教育家。她在实验、观察和研究的基础上，创办了给世界教育进程带来深刻变革的蒙氏幼儿早期教育法，对欧美国家的教育和社会发展产生了深远的影响。

蒙台梭利认为，儿童都是渴望游戏的，因为游戏是他们认识世界的途径。如果儿童的全部精神力量都专注于功课，他们的生活就会变得枯燥乏味。儿童应该学习知识，但首先应该有着多方面的兴趣、要求和愿望。

儿童有一种与生俱来的“内在生命力”，而教育只是为了促进儿童“内在潜能”的发挥。因此，成人不能压制儿童的发展，更不能干涉他们的自由行动，而要因势利导，顺应儿童的天性，让其在游戏中成长。

为了让孩子更好地发挥潜能，我们策划出版了这套“蒙台梭利早教游戏训练”系列丛书。本套书中所有的游戏训练都源自蒙氏原著，结合当下儿童成长的环境和实际需要进行了适当的调整，可以说是为中国儿童量身打造的蒙氏早教游戏训练。另外，本套书基本不需要辅助额外的材料，就可以让父母与孩子轻松体验蒙氏教育的奇妙。

发展儿童智力是蒙氏教育的重要组成部分。《0~5 岁儿童智力训练》把蒙氏教育精髓融入快乐的训练，让儿童直接感受生动、有趣的早教游戏，激发出内在生命力。

另外，对于本书的使用，有如下几点提请父母注意：

- 本书将游戏的难度按照孩子的一般发育情况进行了标注，如 3 星代表 3 岁。但 0~5 岁的孩子个体差异较大，相同年龄段的孩子可能会有不同的表现。一般情况下，家长不用为孩子不能很好地完成某个训练而过分担心。
- 不要让孩子一个人完成这些训练，父母可以根据每个训练下面的“蒙氏智语”或“蒙氏方略”以及自己孩子的发育情况进行拓展。
- 本书的训练目的在于培养孩子的综合智能，为孩子智力的发展打下夯实的基础。推荐您参考其余 5 本相关图书（内容涉及感觉、语言、性格、生活能力、数学），让它们互为补充，可以更有效地提高孩子的综合能力，促进孩子全面发展。

蒙台梭利丛书编委会
2015 年 12 月

目录

Part 1 观察力——让孩子拥有敏锐的洞察力

Part2 记忆力——让孩子具备优秀的记忆力

Part3 注意力——让孩子拥有高度集中的精神

Part4 想象力——让孩子放飞自由想象的翅膀

Part5 思维力——让孩子掌握良好的思考本领

Part6 运动力——让孩子尽情释放运动智能

Part 1

观察力——让孩子拥有敏锐的洞察力

大圆圈套小圆圈

难度 ★☆☆☆☆

蒙氏智语 儿童的眼睛是明亮而充满渴望的。他们观察视力范围内的所有东西，获取经验，进行吸收和学习。

小蝴蝶，飞飞飞

难度 ★★☆☆☆

美丽的小蝴蝶正围着最高的那朵花飞呀飞，把这朵花圈出来，并说一说这朵花是什么颜色。

蒙氏智语 孩子都喜欢看亮光、鲜花和动物，并将他们看到的东西依照顺序储存在大脑里。

数一数，什么颜色的花最多

难度 ★★☆☆☆

花园里，红色的花有几朵？黄色的花有几朵？橘红色的花有几朵？白色的花有几朵？什么颜色的花最多？

蒙氏方略 计数练习让孩子有了一定的数量概念，是进行算术训练的基础。父母可以根据孩子对数数掌握的情况不断增加游戏难度。比如，红花和黄花一共有多少朵？花园里一共有多少朵花？为学习加减运算打基础。

甜甜的糖果

难度★★★☆☆

请给糖果涂上美丽的颜色。

蒙氏智语 填充绘画对孩子来说非常重要，它揭示了孩子对颜色的观察力。

哪两个气球一模一样

难度 ★★★☆☆

蒙氏智语 为孩子设计一些常见的错误，这样会使孩子逐步学会自己发现错误、改正错误，达到完善自己的目标。

藏在哪里了

难度 ★★★★☆

蒙氏智语 孩子需要特别关注物体之间的差别，并通过比较、分析形成自己的判断，最终获得辨别物体的能力。

这是谁的影子

难度 ★★★★☆

蒙氏智语 孩子根本就不需要靠眼里的色彩和高分贝的声音引起注意，孩子本身就有很强的观察能力，能观察到许多事情，不只是具体事物的形象，还有动作，甚至能观察到事物与事物之间的联系。

哪个相同

难度★★★★☆

右边3个图有一个和左边圆圈里的图一模一样，找找是哪个？

蒙氏智语 只有那些经过训练、拥有特殊观察能力、掌握外部世界分类技巧和科学发展的人，才会是将来的发明家、科学家。

我和你一样

难度★★★★★

按照图示，画出相应的形状。

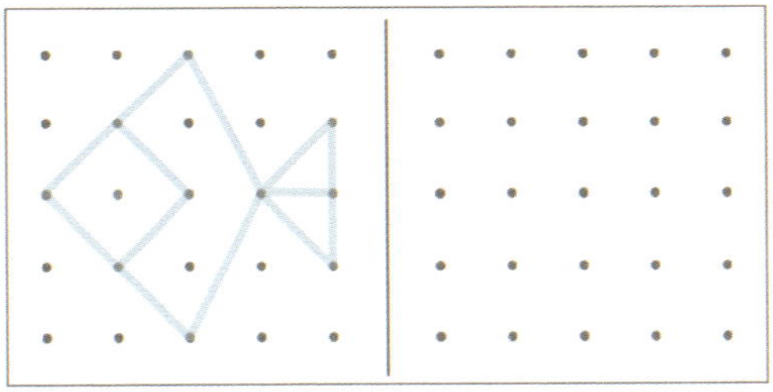

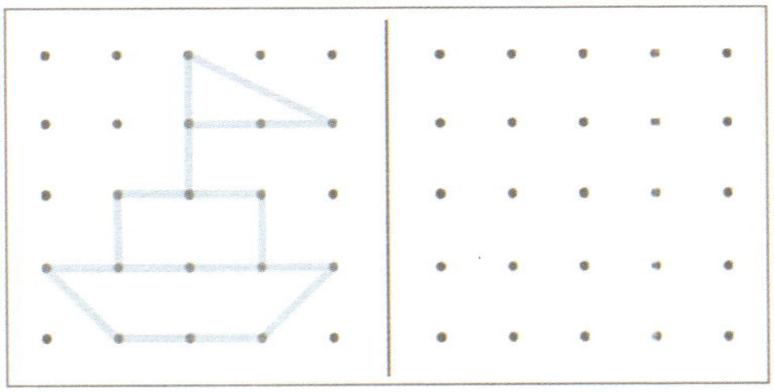

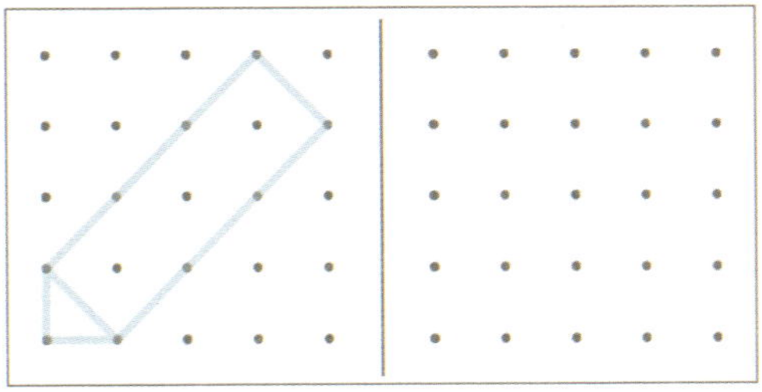

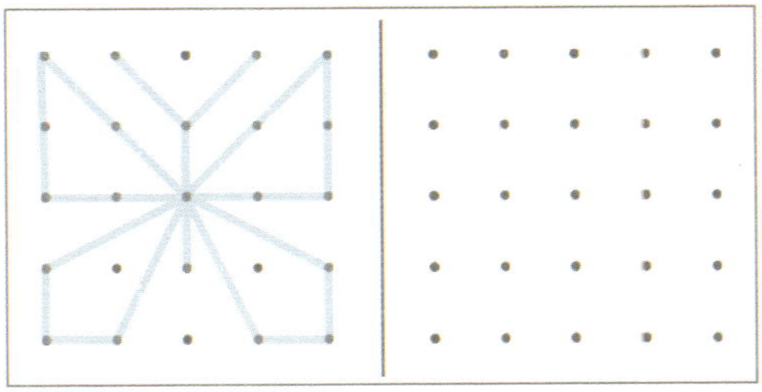

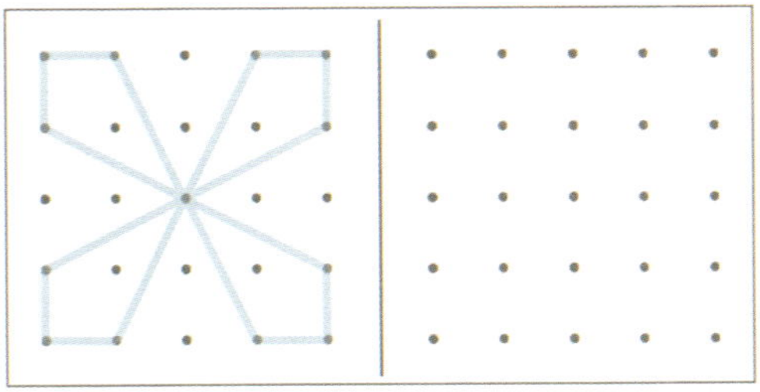

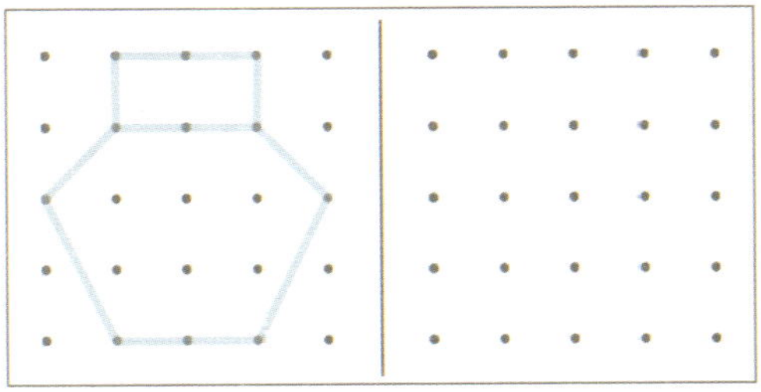

蒙氏智语 我们可以向孩子提供一系列物品，来引发他们关注颜色、形状、声音、触觉和气体的本能。

Part2

记忆力——让孩子具备优秀的记忆力

小动物怎么叫

难度 ★☆☆☆☆

这些小动物都是怎么叫的，请将小动物和它们对应的叫声连起来。

汪汪汪　　喵喵喵　　吱吱吱　　哼哼哼

蒙氏智语 儿童会用他们特有的方式，同各种物体持续发生活动，来构建自己的心理个性，并获得对事物清晰、有序的认识。

认识图形

难度 ★☆☆☆☆

这些形状你都认识吗？它们是什么颜色。

蒙氏方略 父母在教孩子认识形状时，语言要简洁、清晰：这是正方形、这是长方形、这是圆形……在孩子的头脑中，每一个形象也会有自己明确的位置，被完全区别开来。

认识交通工具

难度 ★★☆☆☆

大声说出每种交通工具的名称，并与对应的名称连接。

公交车

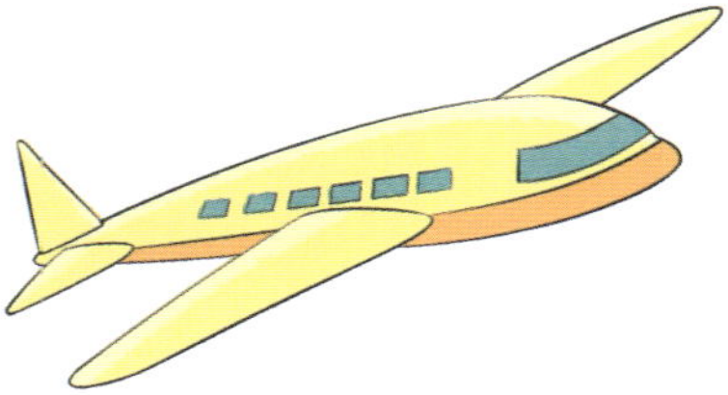

自行车

轮船

飞机

蒙氏智语 儿童在 1 岁之前就能够对周围的事物形成清晰的印象，并能够从图片中认出。

莲叶与小鱼

难度 ★★⯪☆☆

这是一首有趣的古代童谣，你能背下来吗？

汉乐府·江南

江南可采莲，
莲叶何田田。
鱼戏莲叶间，
鱼戏莲叶东，
鱼戏莲叶西，
鱼戏莲叶南，
鱼戏莲叶北。

蒙氏智语 大自然赋予人们的第一个本能是与秩序有关的敏感性，它使儿童能够感受到自己身体的各种姿势和位置。

漂亮的橱窗

难度 ★★★☆☆

商店的橱窗里有很多漂亮的玩具，你记得都有什么吗？

蒙氏方略 做这个游戏时，要给孩子约定时间。每次让孩子看 10 秒钟，合上书让孩子答。如果孩子没有答全，再让孩子看 10 秒钟，合上书让孩子答。以此类推，直到孩子全部答对为止。

图中都有哪些动物

难度★★★☆☆

小动物们都在自己的家里休息。翻到下一页，看看你能记住图中的哪些小动物？

蒙氏方略 当孩子全部答对后，父母可以进一步考考孩子这些动物都生活在什么环境里，它们爱吃什么食物等。

打电话 难度★★★☆☆

铃——铃——铃——电话响起来，你知道爸爸妈妈的电话号码吗？

蒙氏方略 父母平时应该有意识地让孩子记住父母的名字、家庭地址、父母的电话号码等重要信息。记忆的内容要由简单到复杂。

彩虹桥

难度 ★★★★☆

菲菲想要画一条由下面的颜色顺序组成的彩虹，你能帮她画一条吗？

蒙氏智语 敏感期是大自然赋予儿童的天性，使儿童对一切都充满了热情和动力，他们能轻松掌握各种本领，他们所做的每一次努力都使自己的能力大大增强。

动物与图形

难度 ★★★★★

在小动物旁边的格子里写上对应的数字。

1　　2　　3　　4　　5

蒙氏智语 当为孩子提供了他们所需要的一切条件后，我们必须做的就是控制自己盲目帮助孩子的冲动，跟孩子保持一定的距离。

Part3

注意力——让孩子拥有高度集中的精神

彩色毛毛虫

难度 ★☆☆☆☆

毛毛虫举行选美比赛，颜色最多的毛毛虫获得选美冠军。那么谁是冠军呢？

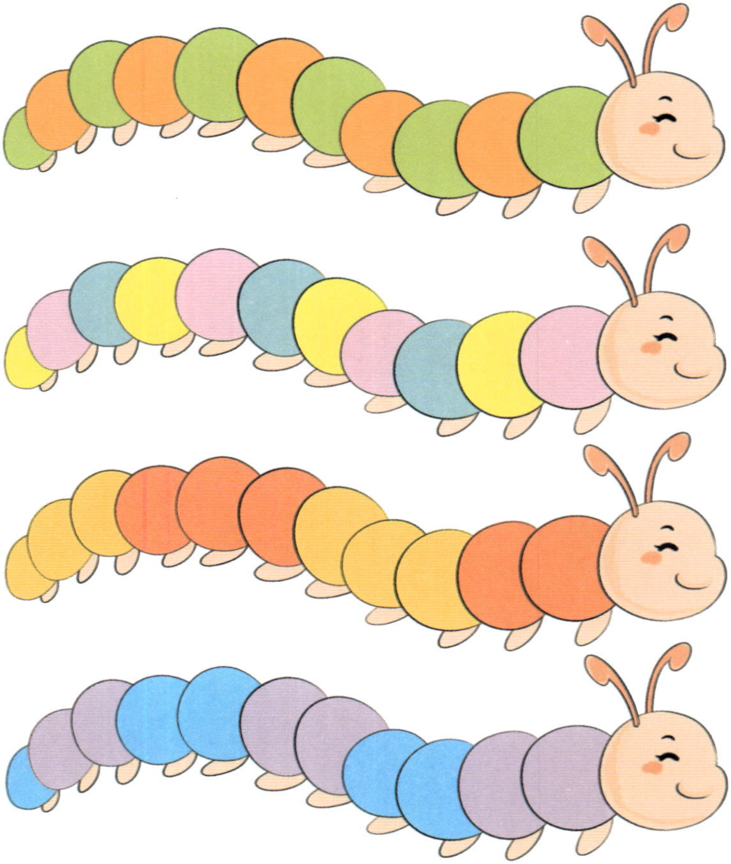

蒙氏智语 1岁以内的孩子会对漂亮的东西和鲜艳的颜色产生喜不自禁的冲动，这种冲动恰恰是儿童敏感期的特征。

谁高谁矮

难度 ★☆☆☆☆

蒙氏方略 在日常生活中，让孩子多进行实物高矮比较，比如，比一比瓶子的高低，和爸爸比比身高等，理解高矮的概念。

哪只手先到达

难度 ★★☆☆☆

左手的食指与右手的食指同时沿着路线往前走，它们是同时到达吗？还是哪根指头先到达？

蒙氏智语 孩子的内心有一个老师，当他具有浓厚的兴趣时，是不会觉得疲劳的。

找图形

难度 ★★☆☆☆

下面左边框里的图形，是由右边哪两个图形组成的？

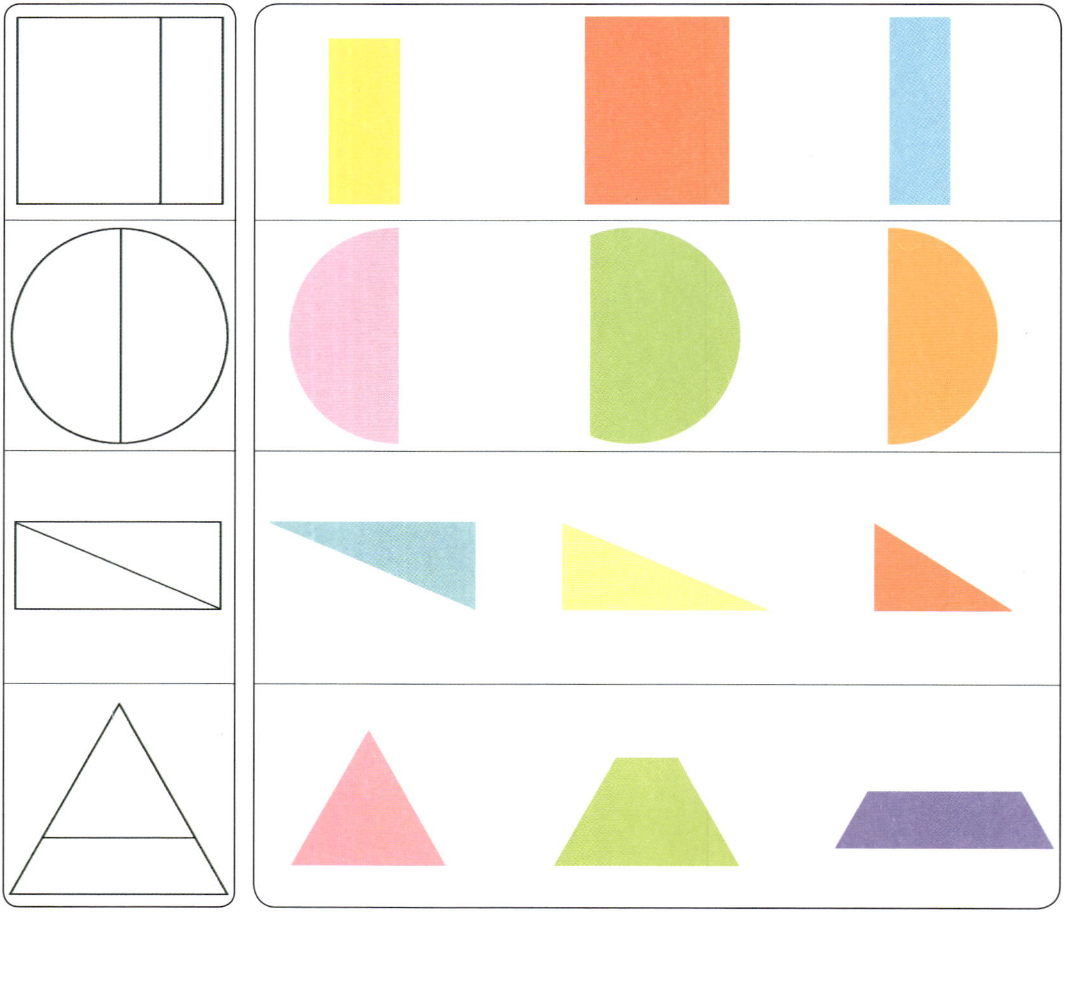

蒙氏方略 如果孩子总是找得不准确，爸爸妈妈可以把图形剪下来，让孩子比对着找。

哪里不一样

难度 ★★☆☆☆

下面 4 只小狗，有一只和其他的小狗不一样，是哪只？

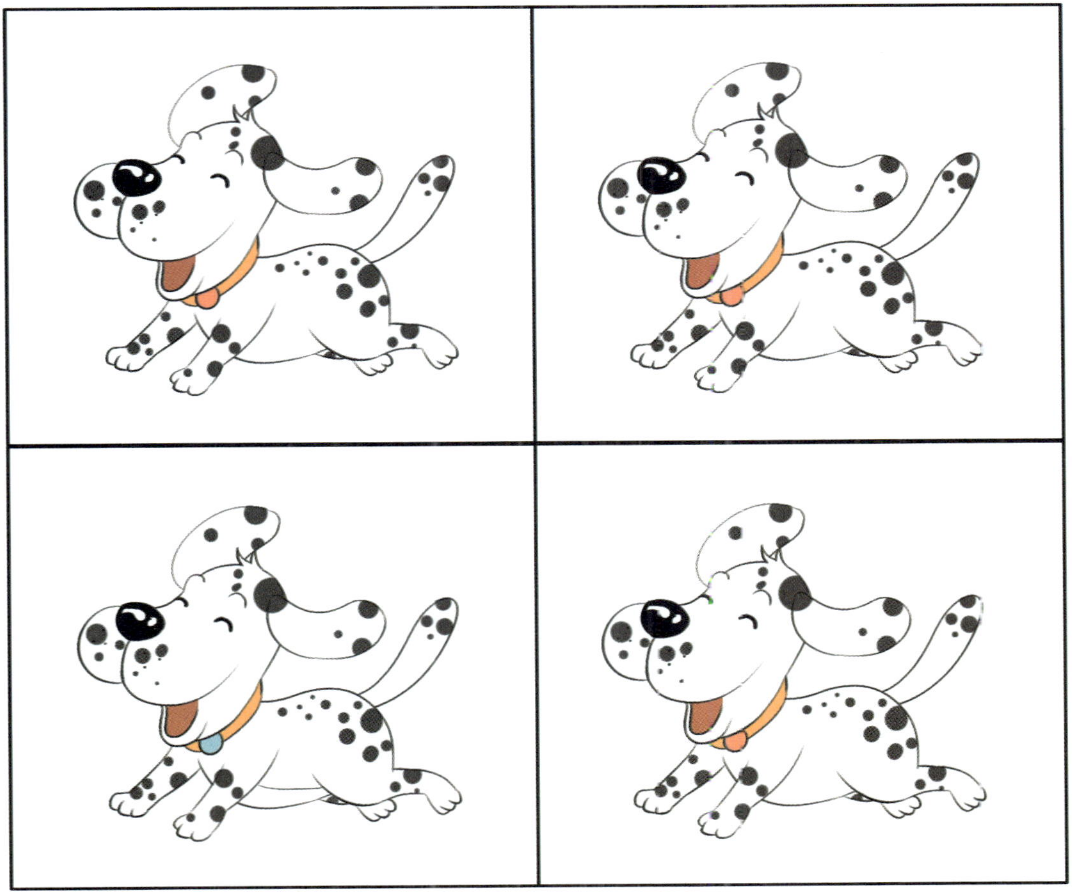

蒙氏智语 儿童拥有一种洞察力和本能，不仅能够帮助儿童区分物体本身，也能区分物体之间的关系。

扬帆去远行

难度★★★☆☆

这幅场景是由不同的图形组成的，请按照指示，把小船和周围的环境涂上颜色。

把圆形涂成红色●；

把三角形涂成绿色▲；

把长方形涂成黄色▬。

蒙氏方略 孩子涂完颜色后，请孩子数一数，并圈出数字。

●圆形是多少个？ 1 2 3 4 5 6 7 8 9

▲三角形是多少个？ 1 2 3 4 5 6 7 8 9

▬长方形是多少个？ 1 2 3 4 5 6 7 8 9

从纸上剪下来的花朵

难度★★★★☆

左右两边的花朵有哪些地方不一样呢？把不一样的地方用笔圈出来吧。

蒙氏智语 儿童总是选择一些昆虫、花朵之类的东西。显然，儿童需要这些东西。儿童选择的都是对自己的成长有帮助的东西。

滑雪真好玩

难度 ★★★★☆

雪山好陡呀，轩轩怎样才能躲开大树，安全滑到山脚下？

蒙氏智语 假如我们告诉儿童怎样做某件事情才能更加准确，这种准确性会激起他们的兴趣，需要儿童付出努力。这种努力同时也能促进儿童的成长和发展。

路过了哪些障碍物

难度★★★★★

讲一讲菲菲从幼儿园回到家，都绕过了哪些障碍物？她是怎么回到家的？

蒙氏智语 根据头脑中已经建立的牢固秩序，对外界环境中的事物进行区分、归类和编排，这是智力的表现，同时也是对精神的一种陶冶。

Part4

想象力——让孩子放飞自由想象的翅膀

点点点

难度 ★☆☆☆☆

将图片放在距离宝宝眼睛40厘米～50厘米的位置。每次训练10秒钟，让宝宝休息一会儿。

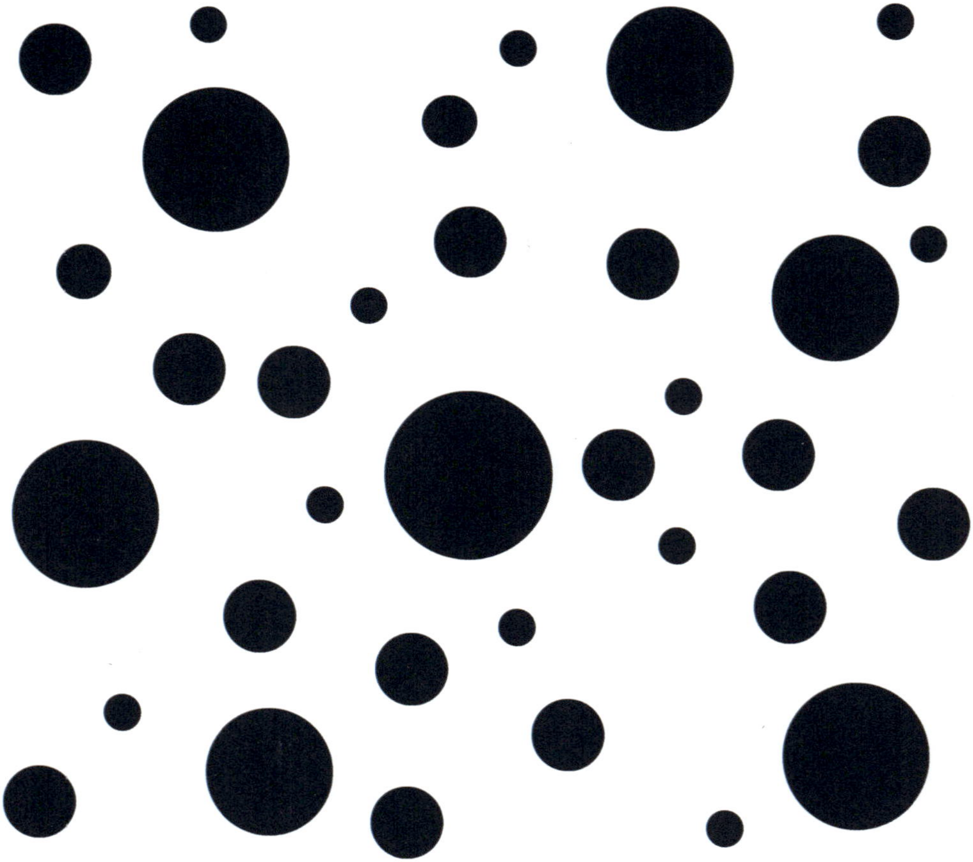

蒙氏方略 让婴儿多看看具有动感的黑白图形，可以激发大脑的创造性活动。

土豆怪人

难度 ★★☆☆☆

下面有各种颜色的土豆，画出各种圆滚滚的土豆怪人吧！

蒙氏智语 让孩子自由自在地成长，称赞他们在成长道路上所取得的每一个进步和奇迹，我们就为孩子的发展和完善做出了贡献。

动动手指变蜜蜂

难度 ★★★☆☆

哇，花园里真热闹，小蜜蜂飞来飞去采花蜜。

用拇指印一下，
用画笔添两笔，
一只忙碌的小蜜蜂就画好了！
小朋友们，动起手来，
为美丽的花园添上忙碌的小蜜蜂吧！

蒙氏方略

1. 印一个黄色的拇指印；
2. 用黑色水彩笔为小蜜蜂画上黑色条纹；
3. 给小蜜蜂印上不同颜色的翅膀，小蜜蜂画好了。

小朋友们，开动脑筋想一想，看看能不能画出其他昆虫。

瓶子里装了什么

难度 ★★★☆☆

这些瓶瓶罐罐里装了什么？想一想，用你的小画笔给瓶子“装上”你看到的东西。

蒙氏方略 在绘画之前，带孩子看一看家里各种瓶瓶罐罐里都装了什么，不但能增长孩子的生活常识，孩子画起来也能更加得心应手。

全家福

难度 ★★★☆☆

家里挂着一幅大照片，里面有爸爸、妈妈和宝宝，请画下所有人的五官、头发和衣服。

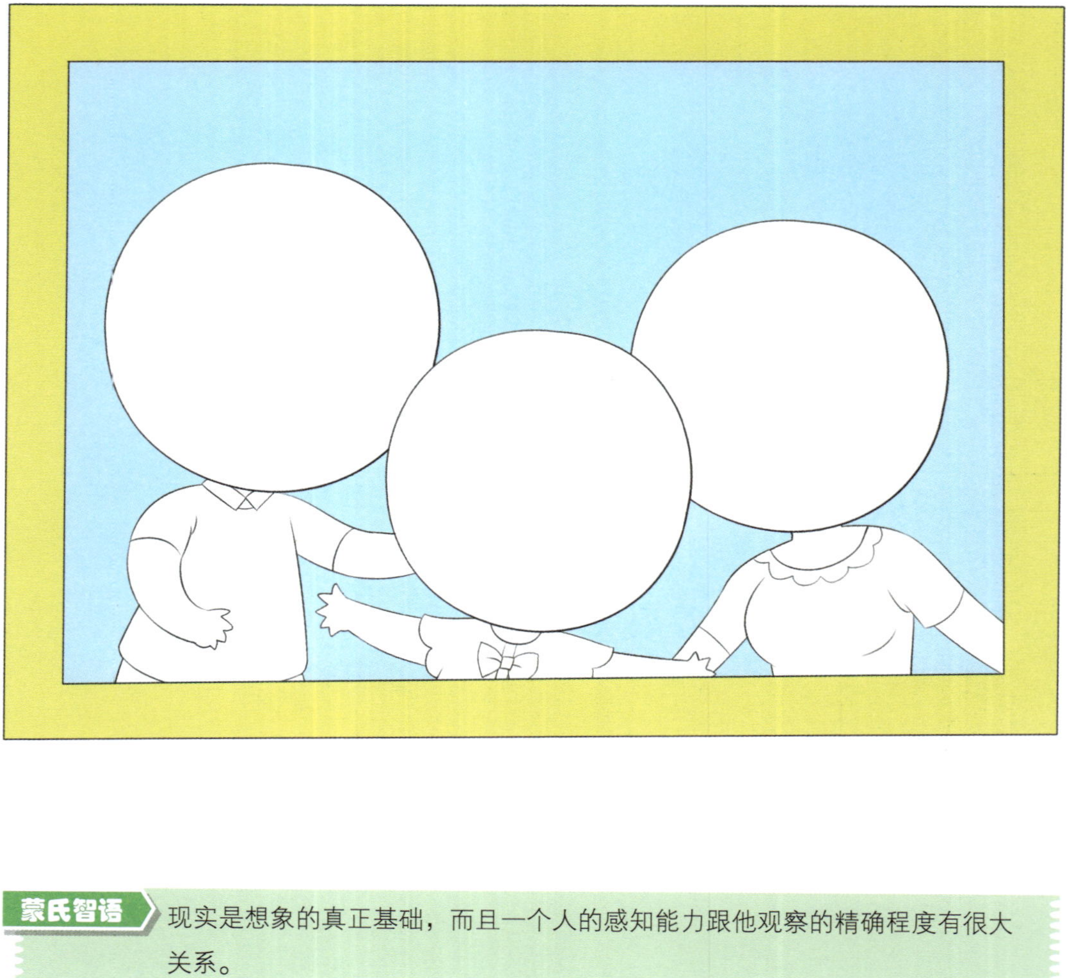

蒙氏智语 现实是想象的真正基础，而且一个人的感知能力跟他观察的精确程度有很大关系。

小猫咪的一天

难度 ★★★★☆

今天，是小猫咪第一天上学，它都遇见了谁？它们一起做了什么？合上书，给爸爸妈妈讲讲小猫咪的一天吧！

蒙氏智语 我们首先应该让儿童在生活的环境中成为主人，或者运用从事实中得来的知识、经验来充实自己的头脑，让他们在此基础上自由地成长。

学画小狗

难度★★★★★

蒙氏方略 学会了画小狗，让孩子试一试能不能用同样的方式画出小兔、小猪、小猫。

鱼儿游呀游

难度★★★★☆

蒙氏方略 1. 将本页画纸剪下；2. 沿折痕对折；3. 将鱼尾部沿黑色实线剪开，沿虚线向一侧翻折鱼形；4. 沿反方向翻折，并向内压折鱼形。

Part5

思维力——让孩子掌握良好的思考本领

认识上中下

难度★★★☆☆

什么东西在树上飞，什么东西在树中藏，什么东西在树下走，请用三角形△、圆圈○、方框□将它们分别圈出来。

蒙氏智语 儿童通过对环境观察、对比、分析，为自己的智力成长与发展打好基础。孩子在熟悉了周围环境之后就能发展自己的智力，并开始开发、使用自己的语言能力。

数数棒棒糖

难度★★★☆☆

左边格子里有几根棒棒糖？右边格子里有几根棒棒糖？数数每一行左边格子和右边格子一共有几根棒棒糖。

蒙氏方略 让孩子体验数的不同拆分方式，理解整体与部分的关系。

毛毛虫变蝴蝶

难度 ★★★☆☆

毛毛虫是怎样从一枚小小的卵变成一只美丽的蝴蝶的？请按照顺序排列图片，并给爸爸妈妈或者其他小朋友讲一讲。

蒙氏智语 敏感期提供给儿童最初的动力和能量，儿童从外界获取的各种印象被整理、排列起来。这种自发的敏感性是一种内在动力的表现。

农场乱套了

难度 ★★★☆☆

农夫打了个喷嚏，吓得所有动物都到处乱跑，赶快帮帮农夫吧！给所有的动物都涂上颜色，这样农夫就知道动物们都还在。

蒙氏方略 涂完颜色后，让孩子数数每种动物都有多少。

哪条水管流出水

难度 ★★★☆☆

蒙氏智语 在动手做事的过程中，儿童增强了体力。人们会很自然地觉得，这些活动让儿童的大脑跟外界进行了沟通联系，对儿童帮助很大。

你会按照顺序走吗

难度★★★★☆

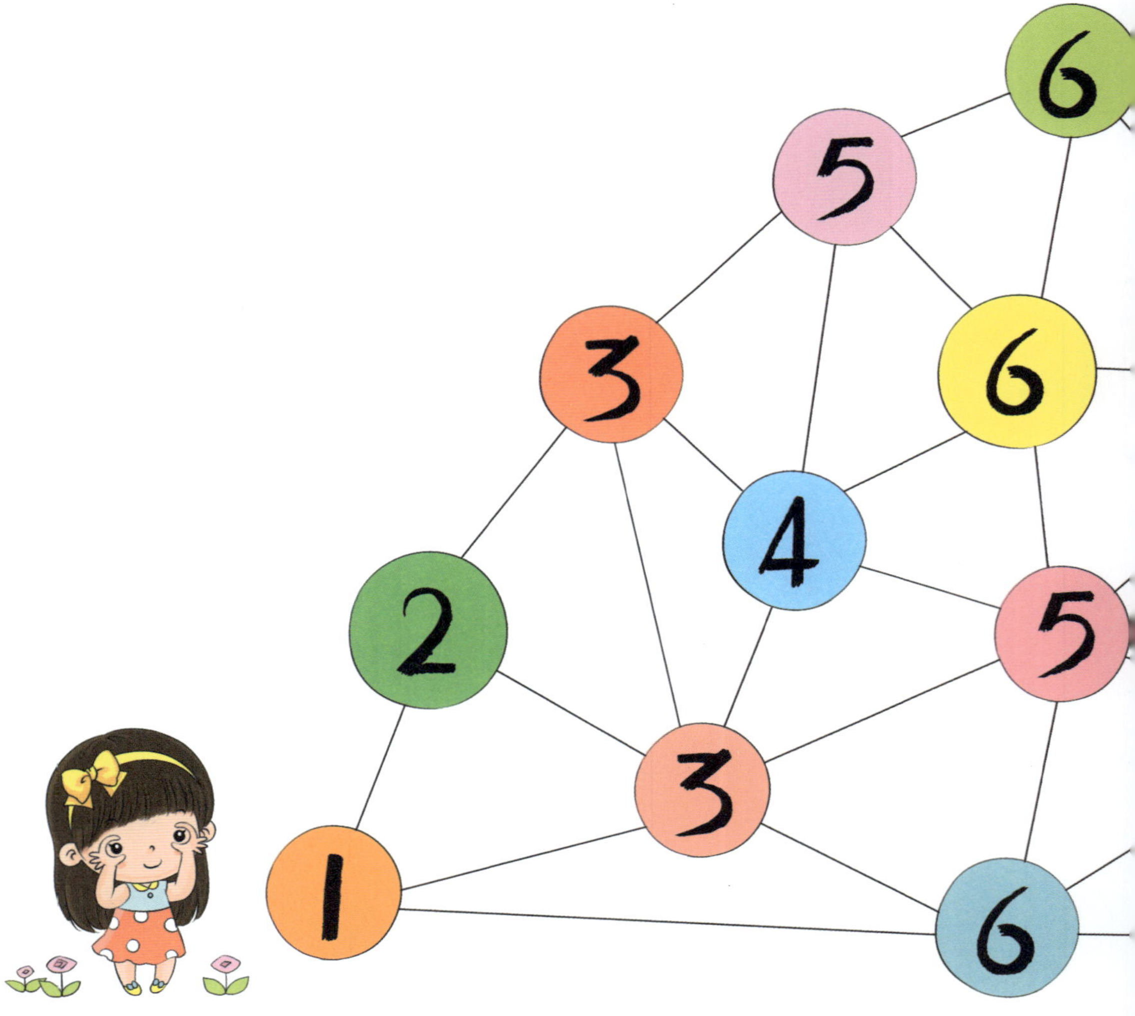

蒙氏智语 儿童对准确、细节的追求具有一种天然倾向，而且这种对准确性的要求会向数量方面发展，并将准确性带到抽象的数学中。

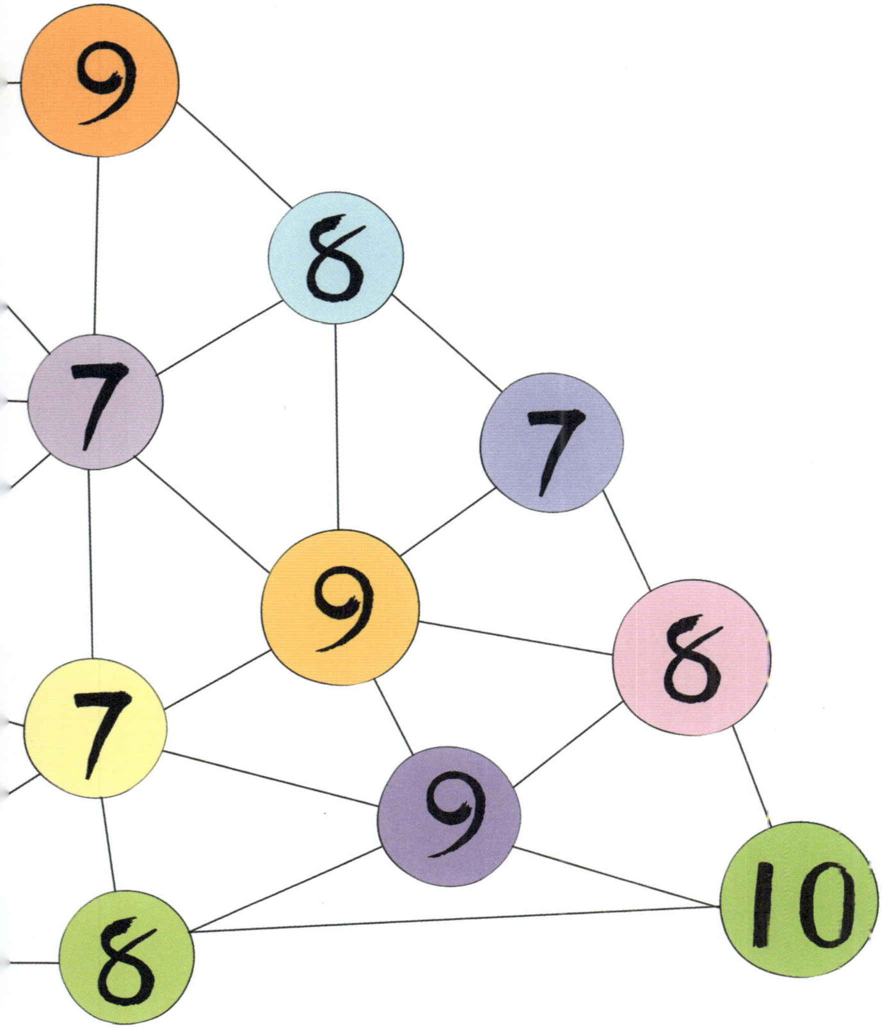

小朋友的家在哪里

难度 ★☆☆☆☆

轩轩住在5楼，从左边数第2间。

小西住在7楼，从右边数第6间。

彤彤住在3楼的正中间。

现在，你知道他们住在哪里吗？请用笔圈出来。

蒙氏智语 儿童是在活动中了解周围的环境的，并会将那些有一定规律的东西留在他们的记忆里。否则，儿童就不能获得专注的心理能力。

救出小猫

难度 ★★★★☆

小猫被困在了迷宫里，你能把它救出来吗？

蒙氏智语 当孩子犯了小错误时，家长和老师只需要在一边静静观察，不要过多干涉，孩子自己会从错误中汲取教训。

挑战红和黄

难度 ★★★★★

试一试，你能不能按照红黄、红黄的顺序走完？

蒙氏智语 当孩子专心地去做他们眼中非常重要的事情时，他们会非常安静，乐在其中地享受属于自己的快乐。

机器人

机器人一节一节地散在了一边，你能把机器人的各部件剪下来，按照顺序排列好吗？

蒙氏智语 儿童对高度准确性的活动很感兴趣，而且越复杂就越感兴趣。高度准确性的活动不仅是指动作方面，还包括具有操作性的工作。

Part6

运动力——让孩子尽情释放运动智能

碰一碰，踢一踢

难度 ★☆☆☆☆

拉着宝宝的小手、小脚碰一碰，给宝宝的胳膊和腿做一做体操。

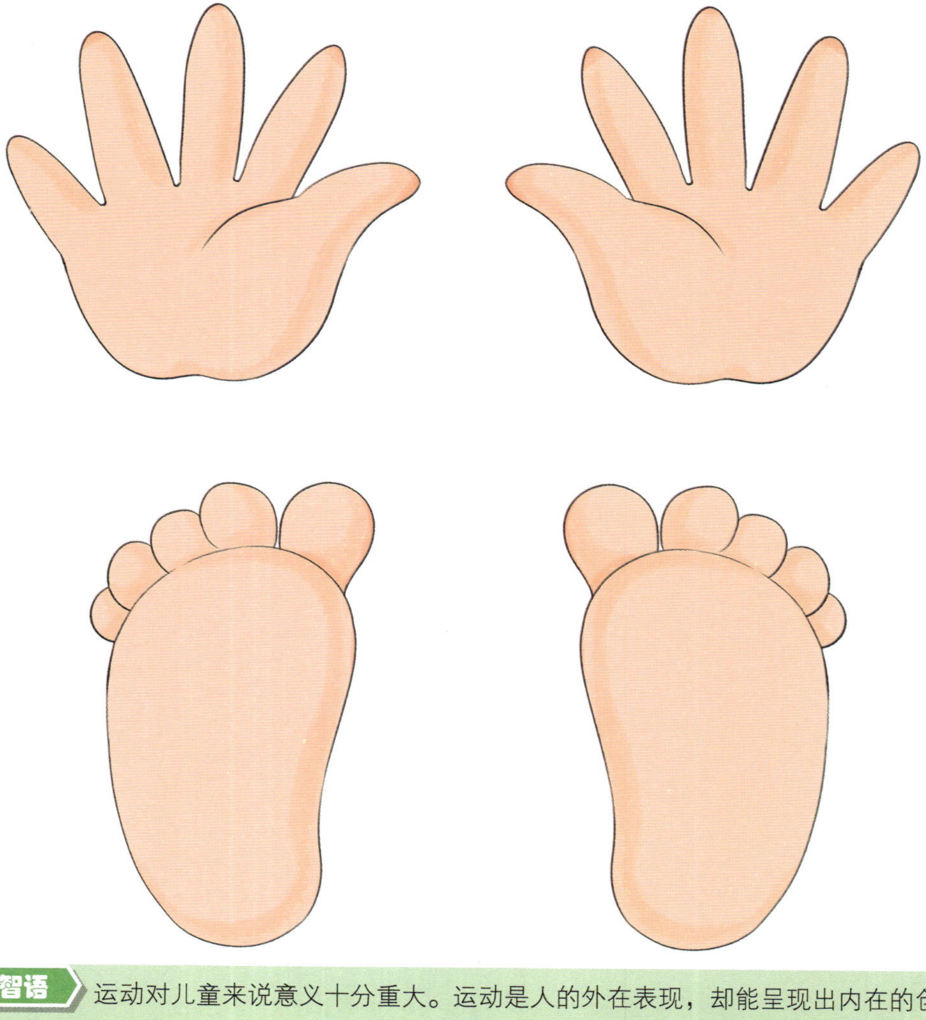

蒙氏智语 运动对儿童来说意义十分重大。运动是人的外在表现，却能呈现出内在的创造性能量。

学做手指操

难度 ★☆☆☆☆

小手都做了哪些动作？你能学出来吗？合上书，你还记得吗？

蒙氏智语 身体肌肉的协调运动是儿童模仿成人行为的前提。完成这项准备工作，他们才能开始对成人的模仿。

贴一贴，认一认

难度 ★★☆☆☆

这 9 个数字你都认识吗？

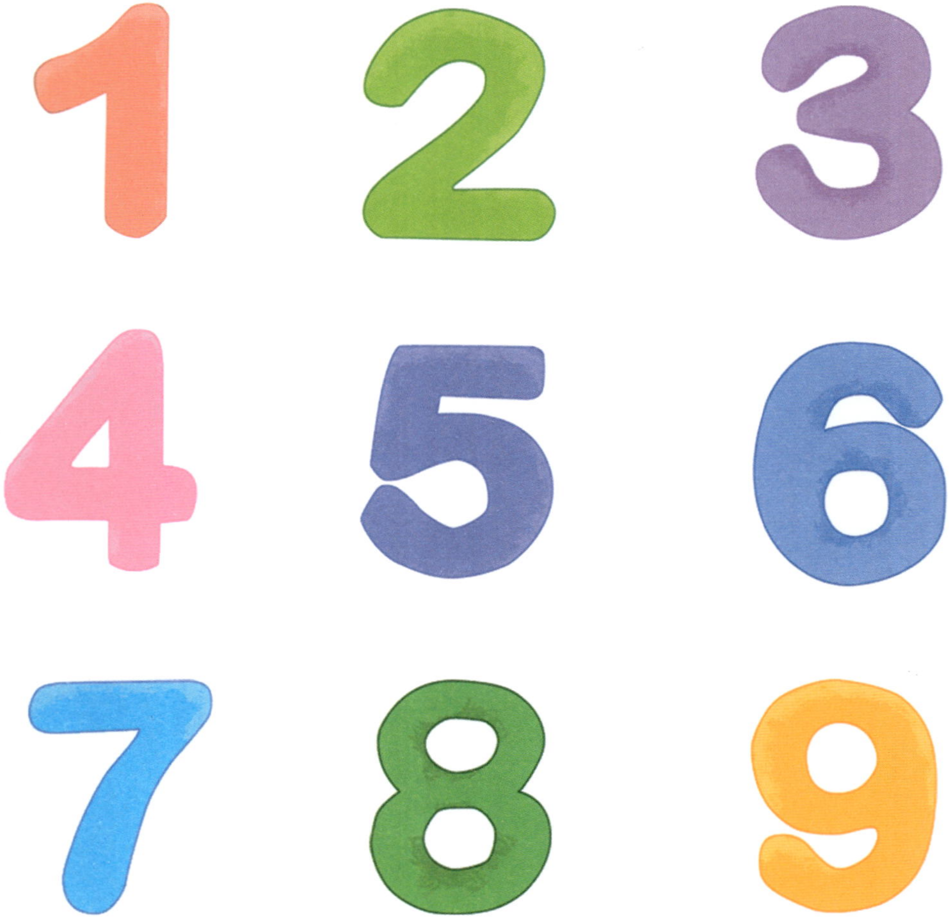

蒙氏方略

1. 请帮孩子将右图彩色纸剪下来，让孩子撕成小碎片；
2. 在数字的边框内用胶水或胶棒涂抹一圈，让孩子将小碎片粘在胶水处。

学手影，讲故事

难度★★★☆☆

夏天到了，葡萄熟了。一只狐狸来到了葡萄架下，看着一串串晶莹剔透的葡萄馋得直流口水。可是狐狸个子小，怎么够都够不到葡萄。它气呼呼地想："我一定要摘到葡萄！"可它尝试了各种办法还是够不到。狐狸眼巴巴地看了好一会儿葡萄，最后只能无奈地走了。它边走边安慰自己："其实，我一点儿也不想吃葡萄，因为这些葡萄都是酸的。"

蒙氏方略 本篇故事改编自《伊索寓言》中的《狐狸与葡萄》。

小手指来散步

难度 ★★★☆☆

一根手指接着一根手指一起来散步，按照顺序走。

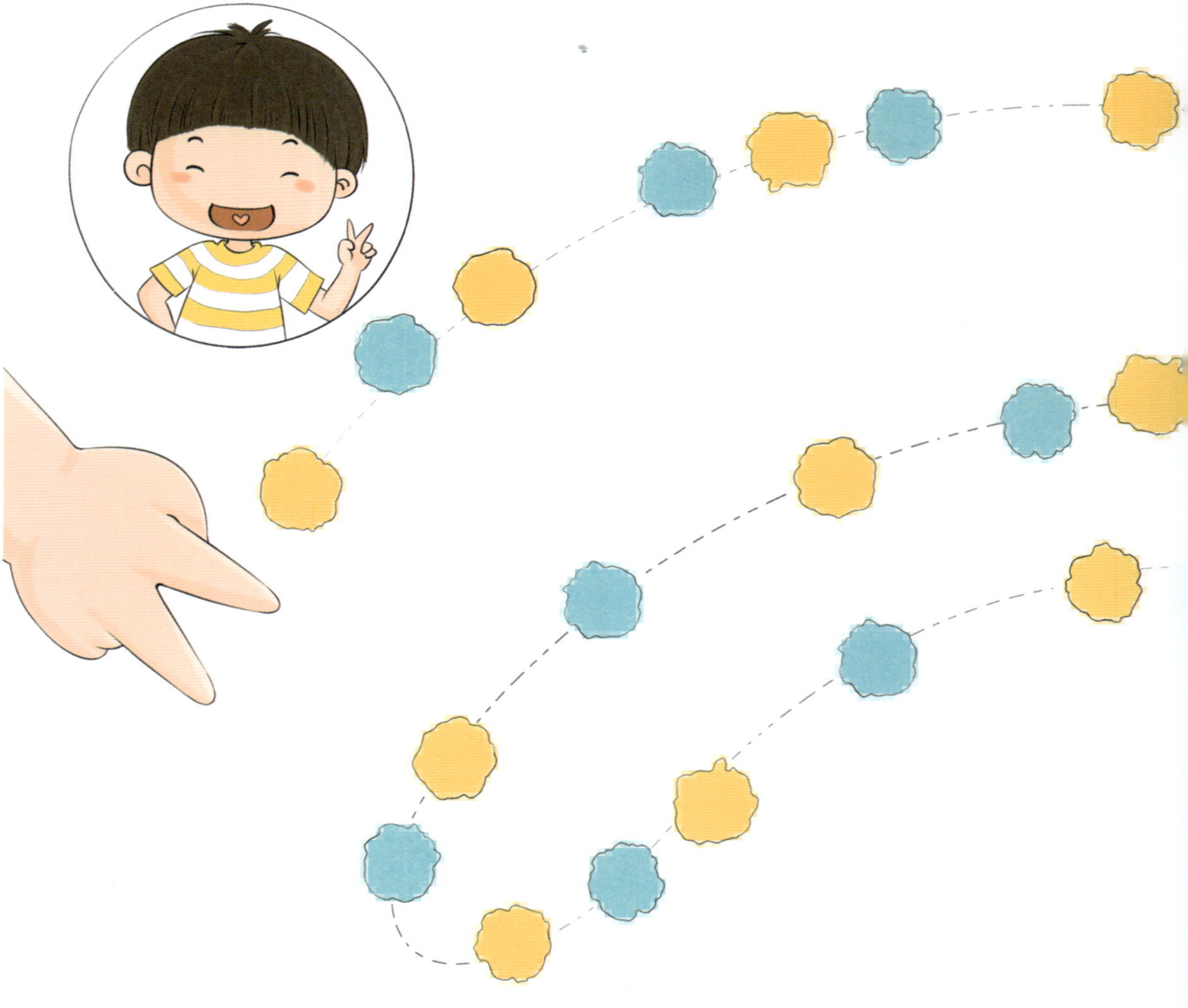

蒙氏智语 假如儿童无法使用手，他的性格形成就会处在很低的水平上，会不听话、没有激情、懒惰和情绪低落。善于使用手的儿童比不善于使用手的儿童发展得快，而且他们的性格明显比不善于使用手的儿童坚强。

一笔画出来

难度 ★★★★☆

下面哪个三角形图案可以一笔画出来？

蒙氏智语 儿童的运动不是偶然发生的，他们在工作中积累经验，不断发展自己的心智，使其发展得更为完善。

狮子面具

难度★★★★☆

凶猛的狮子“吼吼吼——”，剪下来，做成面具戴在脸上，你也变成一头小狮子了！别忘了给狮子面具画上威武的胡须和鬃毛哦！

蒙氏智语 孩子能在实际的活动中掌握工作的技能，并培养起准确行动的能力。

准备好，出发

难度★★★★☆

祥祥和菲菲马上就要出发了。看看他们的打扮，想一想他们分别需要乘坐什么交通工具呢？请圈出来。

蒙氏智语 儿童建设性的行动源于心灵的智慧。儿童先知道了自己要去做什么，然后才开始行动。

恐龙来了

难度 ★★★★★

剪下右边的零件，粘贴在左图，组成一只大恐龙。

蒙氏智语 儿童对准确性的追求会主动而且突出地表现为很多方式。为儿童准备培养他们注意力的小物件，能够让儿童拥有“精确的大脑”。